PAIDEIA
ÉDUCATION

JACK LONDON

L'Appel de la forêt

Analyse littéraire

© Paideia éducation.

1 rue Honoré - 93500 Pantin.

ISBN 978-2-75930-093-8
Dépôt légal : Avril 2019

Impression Books on Demand GmbH

In de Tarpen 42

22848 Norderstedt, Allemagne

SOMMAIRE

- Biographie de Jack London.. 9

- Présentation de *L'Appel de la forêt*........................... 13

- Résumé du roman... 17

- Les raisons du succès.. 27

- Les thèmes principaux.. 31

- Étude du mouvement littéraire..................................... 39

- Dans la même collection.. 43

BIOGRAPHIE DE JACK LONDON

Jack London, né John Griffith Chaney le 12 janvier 1876 à San Francisco et décédé le 22 novembre 1916 à Glen Ellen, en Californie, est une figure emblématique de la littérature américaine. Sa vie, aussi aventureuse et complexe que les récits qu'il a laissés, reflète la quête incessante d'expériences et d'idéaux qui ont marqué son époque.

Issu d'un milieu modeste, London est le fils illégitime de Flora Wellman, une spirite, et probablement de William Chaney, un astrologue itinérant. Après que sa mère se marie avec John London, un vétéran de la Guerre de Sécession, la famille s'installe à Oakland, où Jack adopte le nom de son beau-père. La jeunesse de London est marquée par la pauvreté, ce qui le pousse à quitter l'école à 14 ans pour subvenir aux besoins de sa famille. Il enchaîne alors divers métiers, devenant tour à tour pilleur d'huîtres, marin, blanchisseur et même chasseur de phoques, naviguant jusqu'au Japon et en Arctique, des expériences qui enrichiront plus tard son œuvre.

Poussé par un désir insatiable de réussir et animé d'une passion pour la lecture, London retourne à l'école et s'inscrit à l'Université de Californie à Berkeley, mais il est contraint d'abandonner au bout d'un an, faute de moyens financiers. Sa vie prend un tournant décisif lorsqu'il part pour le Klondike en 1897, attiré par la ruée vers l'or. Bien qu'il ne trouve pas de fortune, il en revient avec des récits qui façonneront sa réputation d'écrivain.

London se lance dans l'écriture avec une détermination farouche, combinant une discipline de fer à un talent naturel pour la narration. Ses premiers succès viennent avec des récits inspirés de ses aventures dans le Grand Nord, comme *L'Appel de la forêt* (1903) et *Croc-Blanc* (1906), qui explorent les thèmes de la survie et de la nature sauvage, tout en critiquant la brutalité de la civilisation humaine.

Socialiste convaincu, London intègre dans son œuvre des

éléments de critique sociale et politique, comme dans *Le Talon de fer* (1908), anticipant les dystopies modernes par sa vision d'une société future sous le joug d'une oligarchie oppressive. Malgré ses convictions, il est souvent critiqué pour ses contradictions personnelles, notamment son mode de vie bourgeois et ses aventures coloniales dans le Pacifique Sud.

La vie personnelle de London est tout aussi tumultueuse que ses écrits. Marié deux fois, d'abord à Elizabeth Maddern puis à Charmian Kittredge, il est père de deux filles. Sa relation avec Charmian, sa secrétaire et muse, est marquée par une passion commune pour l'aventure et la littérature.

La santé de London décline rapidement dans ses dernières années, minée par des années d'abus d'alcool et de divers médicaments. Il meurt à 40 ans dans son ranch de Glen Ellen, laissant derrière lui une œuvre prolifique et variée, qui comprend plus de 50 volumes entre romans, nouvelles, essais et reportages. Sa mort est entourée de mystère, certains évoquant un suicide, bien que la version officielle mentionne une insuffisance rénale.

L'héritage de Jack London est immense, non seulement par la richesse de son œuvre, mais aussi par sa vie, qui incarne l'esprit aventureux et la soif de justice de l'aube du XXe siècle. Ses écrits continuent d'inspirer pour leur humanisme, leur appel à l'aventure et leur critique sociale, faisant de lui un des géants de la littérature américaine et mondiale.

PRÉSENTATION DE L'APPEL DE LA FORÊT

L'Appel de la forêt est un roman emblématique de Jack London, publié pour la première fois en 1903 chez l'éditeur américain Macmillan. Cette œuvre, qui se situe à la croisée du roman d'aventure et du récit initiatique, est souvent considérée comme l'une des plus significatives de l'auteur américain, tant pour sa puissance narrative que pour les questions fondamentales qu'elle soulève sur la nature, la civilisation, et l'instinct.

Le roman narre l'histoire de Buck, un chien domestiqué de grande taille vivant dans une famille aisée en Californie. Son existence paisible bascule lorsqu'il est enlevé et vendu comme chien de traîneau dans le Yukon, au Canada, pendant la ruée vers l'or de la fin du XIXe siècle. Le récit suit la transformation progressive de Buck, qui, confronté à la rudesse de l'environnement du Grand Nord et à la cruauté de certains hommes, se voit contraint de réveiller ses instincts primitifs pour survivre et, finalement, s'épanouir.

Divisé en six chapitres, *L'Appel de la forêt* est construit autour du développement progressif de Buck, de son enlèvement en Californie à son ultime libération dans la nature sauvage, où il répond à l'appel primal de la forêt. Chaque chapitre marque une étape clé dans cette évolution, offrant au lecteur une réflexion sur la notion de liberté, la loi du plus fort, et le retour aux origines instinctives de l'être.

Le mouvement littéraire du roman peut être défini comme un mélange de fiction naturaliste et d'aventure. London utilise une approche naturaliste en dépeignant la lutte implacable pour la survie dans un environnement hostile, où seuls les plus forts ou les plus adaptés peuvent persévérer. Cette vision est entrelacée avec des éléments d'aventure captivants, faisant du périple de Buck une épopée pleine de rebondissements, de défis et de rencontres marquantes.

Ce qui distingue *L'Appel de la forêt*, au-delà de son récit d'aventure palpitant, c'est la perspective adoptée par London, celle de Buck. En choisissant un chien comme protagoniste principal, London explore des thèmes universels – tels que la quête d'identité, le conflit entre civilisation et nature, ainsi que la liberté – d'une manière originale et profondément émouvante. La transformation de Buck, qui passe d'une créature domestiquée à un être sauvage et libre, sert de métaphore à la recherche de l'authenticité et à la libération des contraintes sociales et culturelles.

L'Appel de la forêt se distingue également par sa critique implicite de la société humaine et de ses excès, notamment à travers le traitement des animaux et la représentation de la violence et de la cupidité humaines. Toutefois, London ne tombe jamais dans le manichéisme, offrant une vision nuancée de l'humanité à travers des personnages complexes et des relations fondées sur le respect mutuel entre certains hommes et Buck.

RÉSUMÉ DU ROMAN

Chapitre 1 : La loi primitive

Buck est un chien, mi-terre-neuve mi-colley, qui vit au « domaine du juge Miller » dans la vallée ensoleillée de Santa-Clara, où il mène une vie privilégiée et respectée, occupant une position de leader parmi les autres animaux et étant l'ami fidèle de la famille Miller. Cette existence idyllique prend fin lorsque la ruée vers l'or du Klondike crée une forte demande pour de grands chiens robustes capables de tirer des traîneaux dans les conditions extrêmes du Grand Nord.

Le basculement de la vie de Buck est initié par Manoël, l'aide jardinier du juge Miller, qui, poussé par son addiction au jeu, trahit la confiance de Buck en le vendant. Ce passage marque le début de la descente de Buck dans un monde où la survie dépend de l'adaptation aux conditions les plus rudes et à l'apprentissage de la « loi primitive ».

Transporté de force à San Francisco, Buck fait l'expérience de la trahison et de la brutalité humaines, symbolisées par la figure de l'homme au maillot rouge qui le bat jusqu'à la soumission. Cette rencontre violente est le premier enseignement de Buck sur la loi du plus fort, une leçon qui le marque profondément et qui annonce les défis à venir.

Vendu à Perrault, un agent du gouvernement canadien, Buck est embarqué sur le Narwhal, où il fait la connaissance de François, le conducteur de traîneau, et de ses futurs compagnons d'attelage. Cette transition marque la fin de son ancienne vie et le prélude à son initiation aux réalités brutales du Nord.

Le chapitre se clôt sur l'arrivée de Buck dans le froid glacial du Nord, un monde inconnu où la neige et le gel lui sont étrangers. Ce moment, où Buck touche la neige pour la première fois, symbolise son passage définitif d'un monde à l'autre, de la domesticité à la sauvagerie, de la sécurité à la lutte incessante pour la survie.

Chapitre 2 : La loi du bâton et de la dent

Dès son arrivée sur la grève de Dyea, Buck est confronté à la violence et à la survie dans un monde où seules prévalent la force et l'astuce. L'attaque brutale subie par Curly, une compagne chienne, de la part d'un chien sauvage et d'une meute, marque le début de l'apprentissage de Buck sur la loi impitoyable du plus fort.

Forcé de s'adapter rapidement, Buck expérimente le travail d'attelage sous la direction de François, apprenant les rudiments du tirage de traîneau, sous l'œil exigeant de Spitz, le meneur autoritaire et son futur rival. Le chapitre décrit l'évolution physique et mentale de Buck face aux épreuves : la faim constante, l'apprentissage de la survie dans le froid extrême, et surtout, l'éveil de ses instincts primitifs.

L'opposition entre Buck et Spitz s'intensifie, reflétant la lutte pour le pouvoir et la dominance au sein de l'attelage. Leur rivalité atteint son paroxysme lorsqu'une dispute pour un trou dans la neige dégénère en combat, interrompu seulement par une attaque de chiens sauvages affamés. Ce moment marque un tournant pour Buck, qui commence à remettre en question l'autorité de Spitz et à fomenter une révolte discrète, s'interposant entre Spitz et les autres chiens.

Les jours à Dawson et le voyage de retour vers Dyea exacerbent ces tensions, mettant en évidence la transformation de Buck en un leader potentiel, désormais capable de défier ouvertement Spitz. L'habileté de Buck à naviguer dans ce monde violent et impitoyable s'affirme, tandis que Spitz commence à percevoir en lui un adversaire redoutable.

Le chapitre se clôt sur l'affrontement entre les deux chiens, qui se déroule sous le regard attentif de l'attelage et dans les conditions impitoyables du Klondike, soulignant l'isolement et la brutalité du monde dans lequel ils vivent. L'issue du combat est déterminée par l'ingéniosité et la détermination de Buck, qui utilise sa connaissance des tactiques de combat et sa compréhension instinctive des faiblesses de Spitz pour prendre l'avantage.

La défaite et la mort de Spitz ne sont pas simplement la fin d'un rival ; elles symbolisent la fin de l'ancien ordre au sein de l'attelage et l'avènement d'une nouvelle ère sous la direction de Buck. Ce changement est accueilli avec une acceptation tacite par les autres chiens, qui reconnaissent naturellement en Buck leur nouveau leader, capable de les guider avec force et justice.

Chapitre 3 : Buck prend le commandement

Le chapitre démarre sur la constatation que Buck a tué Spitz, le chien leader jusqu'alors incontesté de l'attelage. François, reconnaissant les capacités exceptionnelles de Buck, s'attend à ce que l'ordre et l'efficacité règnent désormais sans l'ancien meneur conflictuel. Toutefois, lorsque François tente d'assigner la place de leader à Sol-leck, Buck, déterminé et révolté, refuse de se soumettre et revendique la position de meneur par la force et l'intimidation, démontrant ainsi son ascendant et sa volonté de diriger.

Après une lutte de pouvoir où Buck esquive habilement les tentatives de discipline de François, il finit par s'imposer naturellement comme le chef de l'attelage. Sa prise de commandement est non seulement acceptée par les hommes mais aussi par les autres chiens, qui reconnaissent rapidement son autorité et son aptitude à mener avec une efficacité surpassant celle de Spitz.

Sous la direction de Buck, l'attelage connaît une amélioration remarquable en termes de discipline et de performance. Buck se montre un leader juste mais ferme, corrigeant les comportements indésirables et veillant à ce que chaque chien contribue équitablement à l'effort collectif. Sa capacité à intégrer de nouveaux membres avec efficacité renforce son statut de meneur incontesté.

Cependant, la vie de l'attelage sous la direction de Buck n'est pas sans difficultés. Le travail incessant, les conditions climatiques rigoureuses et la charge constante de la poste épuisent les chiens, qui montrent des signes de fatigue et de faiblesse malgré les soins attentifs de leurs conducteurs. La santé de Dave se détériore particulièrement, et malgré sa souffrance et sa faiblesse, il manifeste une volonté désespérée de continuer à travailler, illustrant la profonde dévotion des chiens pour leur devoir.

Le dévouement de Dave atteint un point critique lorsqu'il est incapable de continuer, montrant une détresse émotionnelle face à son incapacité à remplir son rôle. Sa fin tragique, marquée par un geste de miséricorde de la part de son conducteur, souligne la brutalité de la vie dans le Klondike et le lien profond entre les chiens et leur travail.

Ce chapitre met en évidence la transformation de Buck de simple membre de l'attelage à un leader respecté et capable, tout en explorant les thèmes de la survie, du leadership, et de la loyauté au sein de la dure réalité du Grand Nord. La détermination de Buck à diriger, combinée à son adaptation réussie aux lois impitoyables de la nature, souligne son évolution continue vers le retour à ses instincts primitifs.

Chapitre 4 : Les fatigues du harnais et de la route

Le voyage du retour vers Skagway est éprouvant, puis l'attelage fatigué est racheté pour une somme dérisoire, par de nouveaux maîtres inexpérimentés : Hal et Charles, ainsi que la soeur de Hal, Mercédès. Ces derniers ne comprennent pas les rigueurs du voyage dans le Nord. Leur manque d'expérience et leur mauvaise gestion entraînent une dégradation rapide de la condition physique et morale des chiens, désormais surchargés et mal nourris.

Hal, Charles et Mercédès chargent le traîneau de manière désordonnée et excessive, ignorant les conseils des habitants expérimentés de Skagway. Leur départ est marqué par l'échec initial à faire bouger le traîneau surchargé, puis par un accident qui éparpille leur chargement dans la rue principale de Skagway. Malgré les avertissements concernant la glace dangereusement fine sur la rivière, ils persistent dans leur voyage, maltraitant les chiens pour les forcer à avancer.

Buck, désormais à la limite de ses forces, refuse pour la première fois de se lever sous les coups de Hal, instinctivement conscient du danger imminent sur la rivière gelée. L'intervention de John Thornton, un spectateur indigné par la cruauté de Hal, sauve Buck d'une mort certaine. Thornton menace Hal de mort s'il touche encore au chien, et finalement, coupe les liens de Buck, le libérant de l'attelage.

Peu après le départ de Hal, Charles et Mercédès, la glace sous le traîneau cède, engloutissant l'attelage et ses malheureux propriétaires dans les eaux glaciales de la rivière, scellant leur destin tragique. Buck, libéré et soigné par Thornton, commence une nouvelle vie, marquant un tournant décisif dans son existence. Sa loyauté et son affection se tournent désormais vers Thornton, l'homme qui l'a sauvé de la brutalité et de l'incompétence, ouvrant le chapitre d'une profonde amitié entre l'homme et le chien.

Chapitre 5 : Amitié

Ce chapitre dépeint une période significative dans la vie de Buck, marquée par le développement d'une profonde relation avec John Thornton, ainsi que par des défis et des exploits qui renforcent son lien avec la nature sauvage et ses instincts primitifs.

Au début du chapitre, Buck se remet d'une période difficile, profitant du soleil printanier et de la compagnie de John Thornton, qui est resté au camp en raison de pieds gelés, ainsi que des chiens Skeet et Nig. Cette période de convalescence est aussi un temps de formation de liens affectifs, surtout avec Thornton, dont l'amitié devient le centre de l'existence de Buck.

Buck expérimente un amour profond et passionné pour Thornton, un sentiment inconnu jusqu'alors. Cet amour transcende tout ce qu'il a connu auparavant, le poussant à une loyauté et un dévouement sans limites. Il est également marqué par des moments de jeu et de communication intense, qui renforcent leur lien.

Le récit souligne la transformation de Buck sous l'influence de la vie sauvage, illustrant son éveil à ses instincts primitifs et sa capacité à survivre et à s'imposer dans le monde sauvage. Cette transformation est contrastée par son attachement indéfectible à Thornton, qui représente son lien avec le monde humain.

Des incidents clés illustrent la force du lien entre Buck et Thornton, notamment lorsque Buck défend Thornton dans une bagarre de bar, prouvant sa loyauté et son courage.

Le chapitre culmine avec deux exploits majeurs de Buck. Le premier est sa capacité à sauver Thornton d'un courant dangereux, un acte de bravoure et de force physique exceptionnelles. Le second est un défi où Buck prouve sa force incroyable en tirant un traîneau chargé de mille livres, gagnant un pari important pour Thornton et démontrant une fois de plus son dévouement absolu.

À travers ces événements, London explore les thèmes de

l'amitié, de la loyauté, du retour aux instincts primitifs, et de la lutte pour la survie, tout en soulignant la complexité des relations entre l'homme et l'animal. Le chapitre révèle la transformation de Buck en un être capable de naviguer à la fois dans le monde humain et dans le monde sauvage, tout en restant fidèle à son maître et à ses propres instincts.

Chapitre 6 : L'Appel résonne

Après avoir gagné une somme d'argent significative grâce à Buck, John Thornton et ses associés partent vers l'Est à la recherche d'une mine légendaire. Cette expédition les mène à travers des paysages sauvages et magnifiques, où Buck ressent un appel irrésistible de la nature sauvage, l'appelant à rejoindre ses frères les loups.

Durant leur voyage, Thornton et ses compagnons découvrent une vallée riche en or, où ils s'installent pour extraire le précieux métal. Pendant ce temps, Buck se retrouve de plus en plus attiré par la forêt et ses mystères. Il rencontre un loup avec lequel il établit un lien, symbolisant son désir profond de retourner à l'état sauvage. Malgré cet appel de la nature, l'amour et la loyauté envers Thornton retiennent Buck de céder complètement à ses instincts primitifs.

La tragédie frappe lorsque le camp est attaqué par des Indiens Yeehats. Buck, absent pendant l'attaque, revient pour découvrir les corps de ses compagnons humains et canins, y compris Thornton, tués par les Indiens. Consumé par la rage et la douleur, Buck se lance dans une bataille féroce contre les Yeehats restés sur place ; il parvient à en tuer plusieurs avec une férocité qui marque son passage définitif dans le monde sauvage.

Après avoir vengé la mort de Thornton, Buck est pleinement accepté dans une meute de loups, avec lesquels il parcourt les vastes étendues sauvages. Sa légende grandit parmi les humains et les animaux, devenant un esprit de la forêt respecté et craint. Buck revient parfois sur les lieux de son ancienne vie avec Thornton, mais il est désormais une créature de la nature sauvage, répondant pleinement à l'appel de la forêt.

Ce chapitre conclut le récit de la transformation complète de Buck, d'un chien domestique à un leader dans le monde sauvage, illustrant le thème central du roman : le retour aux instincts primitifs face à la nature sauvage et indomptée.

LES RAISONS
DU SUCCÈS

L'Appel de la forêt de Jack London est une œuvre qui a captivé des générations de lecteurs à travers le monde. Son succès repose sur une combinaison de facteurs qui transcendent le simple récit d'aventure pour toucher à des thèmes universels, se situant à la croisée des évolutions socioculturelles de l'époque, des courants littéraires dominants et de la manière dont les médias ont contribué à façonner la perception de l'œuvre.

Au début du XXe siècle, la société était en pleine transformation, marquée par l'industrialisation rapide et les changements sociaux qu'elle entraînait. La nostalgie d'une vie plus simple, plus proche de la nature, était palpable chez ceux qui se sentaient aliénés par le progrès technologique et la vie urbaine. Dans ce cadre, *L'Appel de la forêt* offre une évasion, un retour à l'essentiel à travers le périple de Buck, qui redécouvre ses instincts primordiaux. Cette quête d'un retour aux racines résonnait profondément auprès d'un lectorat en quête de sens et d'aventure, dans un monde où la frontière entre la civilisation et la nature sauvage s'amincissait.

L'ouvrage s'inscrit, d'un point de vue littéraire, dans la tradition du roman d'aventure, mais le transcende par une exploration psychologique profonde de son protagoniste, un chien nommé Buck. Cette approche novatrice, qui prête des émotions et des réflexions complexes à un animal, offre une critique subtile de la société humaine et de ses valeurs. La narration, qui combine action, réflexion et une certaine poésie dans la description des paysages, s'aligne avec le naturalisme, courant littéraire dominant à l'époque, qui cherche à représenter la réalité de manière objective et souvent crue. London intègre ces éléments avec maestria, créant une œuvre à la fois captivante et réflexive.

Par ailleurs, l'impact médiatique de *L'Appel de la forêt* a également joué un rôle crucial dans son succès. Publié à une époque où les journaux et les magazines étaient les principaux vecteurs d'information et de culture, le roman a bénéficié d'une large diffusion et d'une réception critique favorable, qui ont contribué à établir rapidement la réputation de London. Les récits d'aventures exotiques étaient particulièrement prisés par le public, et l'histoire de Buck, avec ses paysages du Grand Nord, ses descriptions de la vie en pleine nature et de la lutte pour la survie, a captivé l'imaginaire collectif. La capacité du roman à toucher à des thèmes universels tels que la liberté, la lutte contre l'adversité et la recherche de l'identité a assuré son inscription durable dans le canon littéraire.

LES THÈMES PRINCIPAUX

La loi de la survie et le retour à l'état sauvage constituent le cœur vibrant de *L'Appel de la forêt*. Le roman trace le parcours d'un chien domestique, Buck, arraché à son foyer confortable en Californie pour être jeté dans les rigueurs impitoyables du Klondike. Ce thème n'est pas seulement une exploration de la survie physique dans un environnement hostile, mais aussi une quête profonde de l'essence même de l'identité et de l'instinct.

Au début du récit, Buck est un chien choyé, vivant dans le luxe et l'insouciance, loin des dangers et des nécessités qui régissent l'existence dans les territoires sauvages. Cependant, son enlèvement et son introduction forcée dans le monde brutal du service de traîneau dans le Yukon marquent le début de sa transformation. Cette transition de Buck n'est pas seulement physique mais aussi psychologique et spirituelle, l'amenant à se reconnecter avec les instincts ancestraux endormis de ses ancêtres sauvages.

La survie dans le Grand Nord devient pour Buck une nécessité impérieuse, le forçant à apprendre rapidement les lois non écrites de la nature sauvage. Il découvre que la force, l'endurance et la ruse sont les seules monnaies qui ont de la valeur dans cet environnement impitoyable. Chaque jour est une lutte pour la nourriture, la domination et le droit à l'existence. La brutalité du climat, les menaces constantes des prédateurs, la compétition au sein de la meute et les abus des humains sont autant de défis que Buck doit surmonter.

Ce processus de retour à l'état sauvage est accentué par la manière dont Buck commence à percevoir le monde autour de lui. Les appels mystérieux de la forêt, les instincts de chasse et la joie pure de courir dans la neige reflètent sa reconnexion progressive avec la partie la plus primitive de son être. London utilise ces éléments pour illustrer non seulement la transformation de Buck mais aussi pour souligner la puissance et la beauté inhérentes à la vie à l'état sauvage, libérée des contraintes de la civilisation humaine.

Le roman pose également des questions fondamentales sur la nature de la liberté et de l'existence authentique. À travers la lutte de Buck pour la survie, London explore l'idée que le retour à un état plus sauvage et plus instinctif peut représenter une forme de libération de l'âme, une échappatoire aux artifices de la société humaine. C'est dans le Grand Nord, face aux dangers mortels et à la splendeur impitoyable de la nature, que Buck trouve sa véritable place dans le monde, affirmant sa domination non seulement sur les autres chiens mais aussi sur l'environnement lui-même.

En fin de compte, *L'Appel de la forêt* est une méditation poignante sur la résilience, l'évolution personnelle et la recherche incessante de l'identité. La loi de la survie et le retour à l'état sauvage, tels que vécus par Buck, mettent en lumière un univers où l'instinct et la liberté fusionnent, offrant une vision à la fois brutale et exaltante de la vie à l'état pur.

L'Appel de la forêt offre, par ailleurs, une exploration profonde et nuancée de la relation entre l'homme et l'animal, dévoilant la gamme complexe d'interactions qui peuvent exister entre les deux. Au cœur de cette exploration se trouve la dynamique entre Buck, un chien robuste et spirituel, et John Thornton, un prospecteur au cœur tendre. Cette relation, contrairement à celles que Buck entretient avec ses précédents maîtres, transcende la simple connexion entre un propriétaire et son animal pour atteindre une compréhension et un amour profonds, révélant ainsi le potentiel de respect mutuel et de bénéfices réciproques.

Dès le début, le roman présente une variété de relations homme-animal, souvent marquées par l'exploitation et la domination. Buck, arraché à son existence confortable en Californie, est jeté dans le monde brutal des chiens de traîneau, où il est confronté à la cruauté humaine. Ces interactions initiales mettent en lumière la manière dont les animaux peuvent être vus et utilisés comme de simples outils ou biens par les humains, réduits à leur valeur de travail ou à leur capacité à générer du profit.

Toutefois, l'arrivée de John Thornton marque un tournant dans la vie de Buck, introduisant une relation d'un tout autre ordre. Thornton reconnaît en Buck non seulement un animal de valeur mais un être sentient, capable de loyauté, d'amour et de courage. Leur lien se fonde sur un respect mutuel : Thornton sauve Buck de la mort et Buck, à son tour, sauve Thornton plus d'une fois. Plus qu'une simple reconnaissance de dettes, leur relation est marquée par un amour profond et authentique, illustré par des gestes de tendresse, une communication non verbale significative et un dévouement sans faille.

Ce lien entre Buck et Thornton révèle la capacité des relations homme-animal à transcender l'exploitation et à s'élever vers une véritable camaraderie, où les deux parties se comprennent et se respectent. London suggère que de telles relations ne se limitent pas à la coexistence mais permettent un enrichissement mutuel. Pour Thornton, Buck devient un compagnon inséparable, symbole de loyauté et d'une force indomptable ; pour Buck, Thornton représente l'incarnation de l'idéal humain, un guide vers une liberté plus grande et une compréhension plus profonde de sa propre nature.

Dans *L'Appel de la forêt*, la relation entre Buck et Thornton incarne l'idéal d'une harmonie possible entre l'homme et l'animal, où le respect, l'amour et la compréhension mutuels ouvrent la voie à une coexistence enrichissante. Ce thème souligne l'idée que les animaux ne sont pas de simples subordonnés ou possessions mais des êtres capables de relations profondes et significatives avec les humains, capables de changer la vie de ces derniers autant qu'ils sont changés en retour.

La lutte pour le pouvoir et le leadership constitue l'un des thèmes les plus approfondis de *L'Appel de la forêt*. À travers le prisme de la vie sauvage et des dynamiques sociales au sein d'une meute de chiens traîneaux, London explore les intrications complexes de la domination, de l'ascension au pouvoir, et des qualités requises pour maintenir le respect et l'autorité. Cette exploration ne se limite pas à la simple observation des interactions animales ; elle offre un miroir réfléchissant aux structures de pouvoir et aux hiérarchies présentes dans la société humaine, questionnant profondément la nature du leadership et de l'autorité.

Au commencement de son voyage dans le Grand Nord, Buck se trouve plongé dans un monde où les règles sociales et les structures de pouvoir qui régissaient sa vie antérieure n'ont plus cours. La dynamique de pouvoir au sein de la meute s'avère brutale et non médiatisée par les conventions sociales humaines. Le pouvoir s'acquiert et se maintient par la force, l'intelligence, et la capacité à inspirer à la fois crainte et loyauté. La lutte de Buck pour le leadership n'est pas seulement physique ; elle est psychologique et stratégique, le forçant à apprendre et à s'adapter rapidement aux lois non écrites de la survie et du commandement dans le sauvage.

La confrontation entre Buck et Spitz, le meneur tyrannique de la meute, sert de pivot central au thème du pouvoir et du leadership. Spitz représente le leader par la terreur, régnant par la force et l'intimidation, sans véritable loyauté de la part de ses suivants. En revanche, Buck incarne une forme de leadership plus nuancée, basée sur le respect mutuel, la force, mais aussi la justice et la compassion. La chute de Spitz et l'ascension de Buck soulignent une transition vers un modèle de pouvoir plus équilibré, qui commande non seulement l'obéissance mais aussi le dévouement.

Cette dynamique révèle que le véritable leadership dépasse

la simple domination physique ; il requiert une compréhension profonde des besoins et des désirs de ceux qui sont menés. Buck gagne le respect de la meute non seulement en prouvant sa supériorité physique, mais aussi en faisant preuve de jugement, en protégeant les membres plus faibles et en guidant le groupe à travers les dangers du Nord. Sa transformation en leader respecté est un témoignage de sa capacité à allier force et équité, reflétant les qualités idéalisées du leadership dans les sociétés humaines.

La lutte pour le pouvoir et le leadership dans *L'Appel de la forêt* interroge ainsi les fondements de l'autorité et de la gouvernance, que ce soit dans le monde animal ou humain. En dépeignant la montée de Buck au statut de leader de la meute, London pose des questions universelles sur la nature du pouvoir, la manière dont il est acquis, maintenu, et les responsabilités qui en découlent. Ce faisant, il offre une réflexion profonde sur les qualités qui font un vrai leader, suggérant que les véritables dirigeants sont ceux qui commandent non par la peur, mais par le respect et la loyauté qu'ils inspirent.

ÉTUDE DU MOUVEMENT LITTÉRAIRE

L'Appel de la forêt se présente comme un vibrant hommage au genre du roman d'aventure, tout en s'enracinant profondément dans les principes du naturalisme. Cette dualité contribue à son succès et à sa richesse, offrant une exploration à la fois palpitante et introspective de la nature sauvage et de la condition animale.

Au cœur de ce récit, nous suivons les péripéties de Buck, un chien arraché à sa vie confortable en Californie pour être jeté dans les contrées impitoyables du Klondike, en pleine ruée vers l'or. L'aventure de Buck est celle d'un retour aux origines, une quête de survie dans un monde où seuls les plus forts persistent. Le cadre même du roman, marqué par la rudesse du climat et la loi impitoyable de la nature, incarne l'essence du roman d'aventure, propulsant le lecteur dans une épopée à travers des territoires aussi magnifiques qu'hostiles.

La narration de London excelle dans la description de ces paysages sauvages, plongeant le lecteur au cœur d'une nature à la fois majestueuse et terrifiante. Chaque étape du voyage de Buck est marquée par des défis qui testent sa force, son intelligence et son adaptabilité. Cette immersion dans l'aventure s'accompagne d'une réflexion sur la survie, l'exploration et la découverte de soi, thèmes chers au genre du roman d'aventure. Buck, dans sa transformation de chien domestique en leader de meute, incarne le parcours initiatique du héros qui se redécouvre et s'affirme face aux adversités.

Parallèlement, *L'Appel de la forêt* s'inscrit dans le mouvement naturaliste par son étude minutieuse de l'instinct animal et de l'influence de l'environnement sur le comportement. London ne se contente pas de raconter une histoire d'aventures ; il sonde les profondeurs de l'âme animale, explorant les mécanismes de l'évolution et la régression vers un état plus sauvage sous la pression de la survie. Cette approche naturaliste permet d'examiner les forces primaires qui gouvernent la vie dans le Grand Nord, offrant un regard sans concession sur la brutalité comme sur la beauté inhérente à la lutte pour l'existence.

Le succès de ce roman tient donc à sa capacité à marier l'exaltation du roman d'aventure avec la rigueur d'observation du naturalisme. Buck n'est pas seulement le héros d'une épopée dans les déserts glacés du Klondike ; il est aussi le sujet d'une étude profonde sur la condition animale, confrontée aux impitoyables lois de la nature. C'est cette fusion entre aventure épique et réflexion naturaliste qui confère à *L'Appel de la forêt* sa place unique dans la littérature, touchant à la fois le cœur et l'esprit des lecteurs en quête d'évasion et de compréhension du monde naturel.

DANS LA MÊME COLLECTION
(par ordre alphabétique)

- **Anonyme**, *La Farce de Maître Pathelin*
- **Anouilh**, *Antigone*
- **Aragon**, *Aurélien*
- **Aragon**, *Le Paysan de Paris*
- **Austen**, *Raison et Sentiments*
- **Balzac**, *Illusions perdues*
- **Balzac**, *La Femme de trente ans*
- **Balzac**, *Le Colonel Chabert*
- **Balzac**, *Le Lys dans la vallée*
- **Balzac**, *Le Père Goriot*
- **Barbey d'Aurevilly**, *L'Ensorcelée*
- **Barbey d'Aurevilly**, *Les Diaboliques*
- **Bataille**, *Ma mère*
- **Baudelaire**, *Les Fleurs du Mal*
- **Baudelaire**, *Petits poèmes en prose*
- **Beaumarchais**, *Le Barbier de Séville*
- **Beaumarchais**, *Le Mariage de Figaro*
- **Beauvoir**, *Mémoires d'une jeune fille rangée*
- **Beckett**, *Fin de partie*
- **Brecht**, *La Noce*
- **Brecht**, *La Résistible ascension d'Arturo Ui*
- **Brecht**, *Mère Courage et ses enfants*
- **Breton**, *Nadja*
- **Brontë**, *Jane Eyre*
- **Camus**, *L'Étranger*
- **Camus**, *Le Mythe de Sisyphe*
- **Carroll**, *Alice au pays des merveilles*
- **Céline**, *Mort à crédit*

- **Céline**, *Voyage au bout de la nuit*
- **Chateaubriand**, *Atala*
- **Chateaubriand**, *René*
- **Chrétien de Troyes**, *Perceval*
- **Cocteau**, *Les Enfants terribles*
- **Colette**, *Le Blé en herbe*
- **Corneille**, *Le Cid*
- **Crébillon fils**, *Les Égarements du cœur et de l'esprit*
- **Defoe**, *Robinson Crusoé*
- **Dickens**, *Oliver Twist*
- **Du Bellay**, *Les Regrets*
- **Dumas**, *Henri III et sa cour*
- **Duras**, *L'Amant*
- **Duras**, *La Pluie d'été*
- **Duras**, *Un barrage contre le Pacifique*
- **Flaubert**, *Bouvard et Pécuchet*
- **Flaubert**, *L'Éducation sentimentale*
- **Flaubert**, *Madame Bovary*
- **Flaubert**, *Salammbô*
- **Gary**, *La Vie devant soi*
- **Giraudoux**, *Électre*
- **Giraudoux**, *La Guerre de Troie n'aura pas lieu*
- **Gogol**, *Le Mariage*
- **Homère**, *L'Odyssée*
- **Hugo**, *Hernani*
- **Hugo**, *Les Misérables*
- **Hugo**, *Notre-Dame de Paris*
- **Huxley**, *Le Meilleur des mondes*
- **Jaccottet**, *À la lumière d'hiver*
- **James**, *Une vie à Londres*
- **Jarry**, *Ubu roi*
- **Kafka**, *La Métamorphose*
- **Kerouac**, *Sur la route*

- **Kessel**, *Le Lion*
- **La Fayette**, *La Princesse de Clèves*
- **Le Clézio**, *Mondo et autres histoires*
- **Levi**, *Si c'est un homme*
- **London**, *Croc-Blanc*
- **London**, *L'Appel de la forêt*
- **Maupassant**, *Boule de suif*
- **Maupassant**, *La Maison Tellier*
- **Maupassant**, *Le Horla*
- **Maupassant**, *Une vie*
- **Molière**, *Amphitryon*
- **Molière**, *Dom Juan*
- **Molière**, *L'Avare*
- **Molière**, *Le Malade imaginaire*
- **Molière**, *Le Tartuffe*
- **Molière**, *Les Fourberies de Scapin*
- **Musset**, *Les Caprices de Marianne*
- **Musset**, *Lorenzaccio*
- **Musset**, *On ne badine pas avec l'amour*
- **Perec**, *La Disparition*
- **Perec**, *Les Choses*
- **Perrault**, *Contes*
- **Prévert**, *Paroles*
- **Prévost**, *Manon Lescaut*
- **Proust**, *À l'ombre des jeunes filles en fleurs*
- **Proust**, *Albertine disparue*
- **Proust**, *Du côté de chez Swann*
- **Proust**, *Le Côté de Guermantes*
- **Proust**, *Le Temps retrouvé*
- **Proust**, *Sodome et Gomorrhe*
- **Proust**, *Un amour de Swann*
- **Queneau**, *Exercices de style*
- **Quignard**, *Tous les matins du monde*

- **Rabelais**, *Gargantua*
- **Rabelais**, *Pantagruel*
- **Racine**, *Andromaque*
- **Racine**, *Bérénice*
- **Racine**, *Britannicus*
- **Racine**, *Phèdre*
- **Renard**, *Poil de carotte*
- **Rimbaud**, *Une saison en enfer*
- **Sagan**, *Bonjour tristesse*
- **Saint-Exupéry**, *Le Petit Prince*
- **Sarraute**, *Enfance*
- **Sarraute**, *Tropismes*
- **Sartre**, *Huis clos*
- **Sartre**, *La Nausée*
- **Senghor**, *La Belle histoire de Leuk-le-lièvre*
- **Shakespeare**, *Roméo et Juliette*
- **Steinbeck**, *Les Raisins de la colère*
- **Stendhal**, *La Chartreuse de Parme*
- **Stendhal**, *Le Rouge et le Noir*
- **Verlaine**, *Romances sans paroles*
- **Verne**, *Une ville flottante*
- **Verne**, *Voyage au centre de la Terre*
- **Vian**, *J'irai cracher sur vos tombes*
- **Vian**, *L'Arrache-cœur*
- **Vian**, *L'Écume des jours*
- **Voltaire**, *Candide*
- **Voltaire**, *Micromégas*
- **Zola**, *Au Bonheur des Dames*
- **Zola**, *Germinal*
- **Zola**, *L'Argent*
- **Zola**, *L'Assommoir*
- **Zola**, *La Bête humaine*
- **Zola**, *Nana*